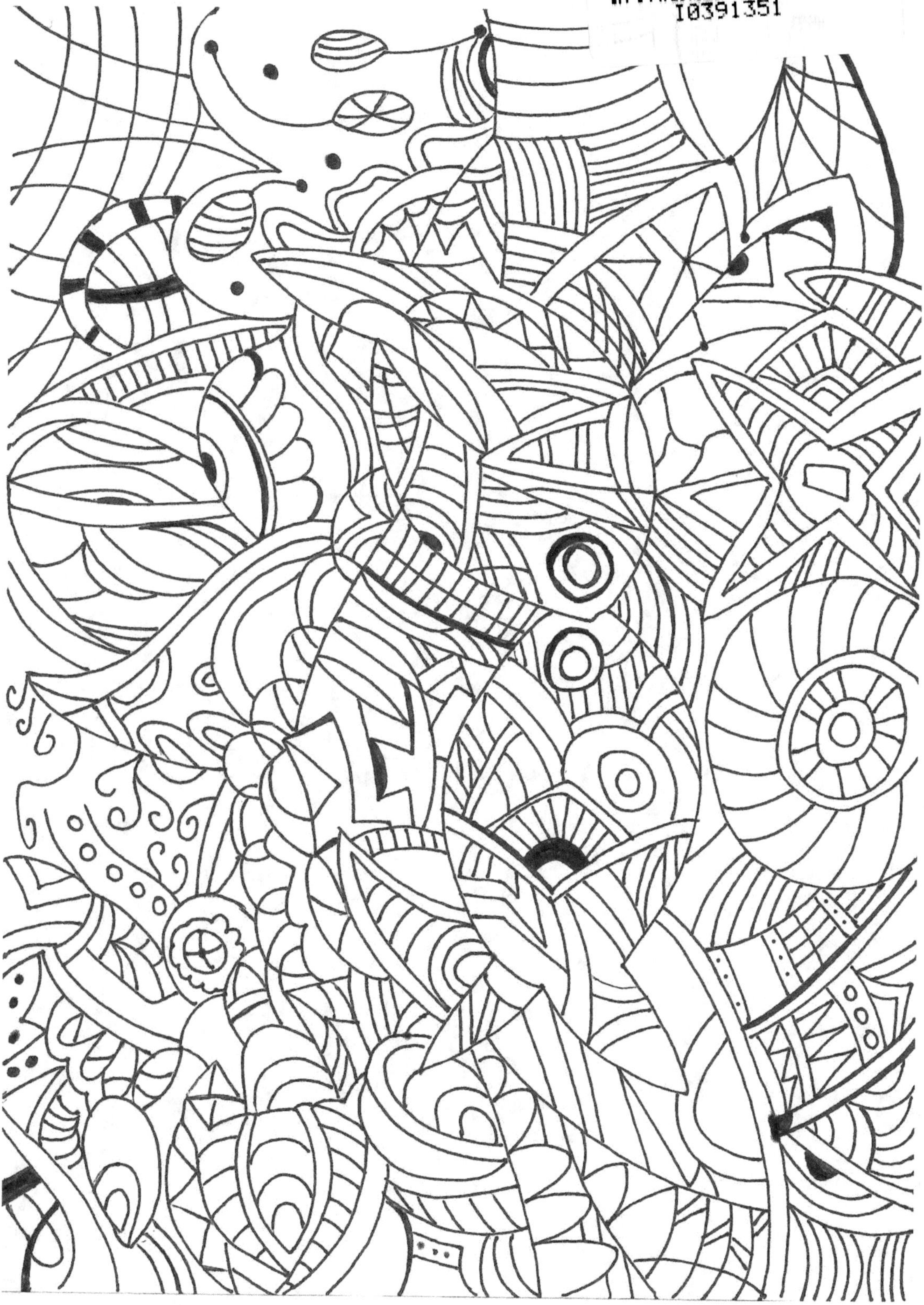

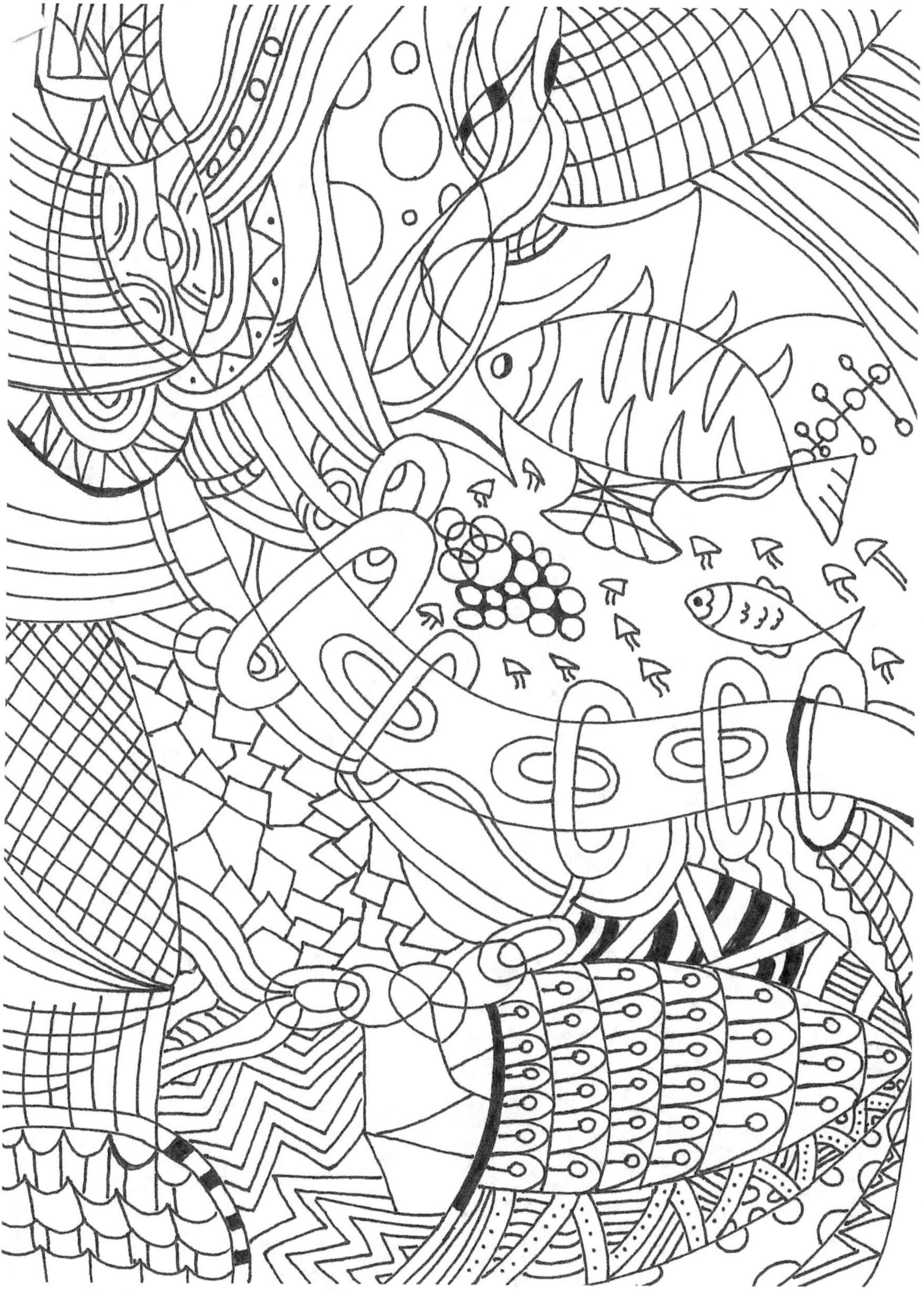

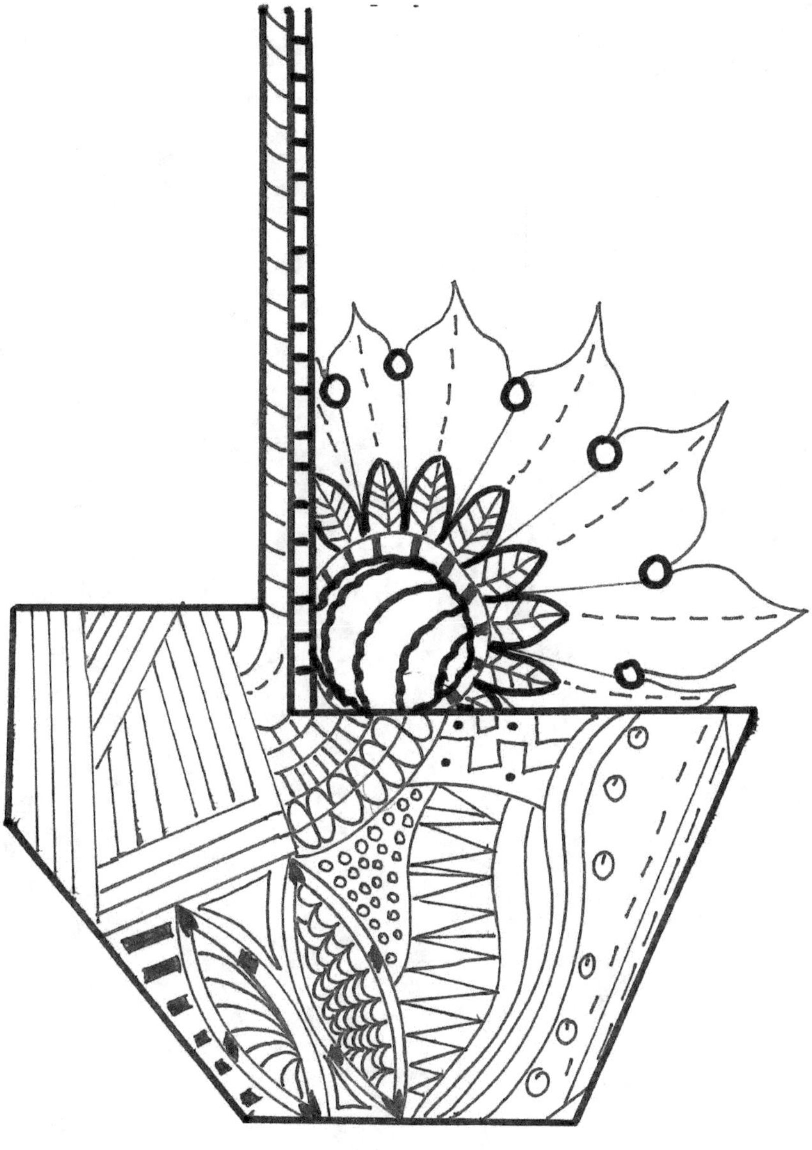

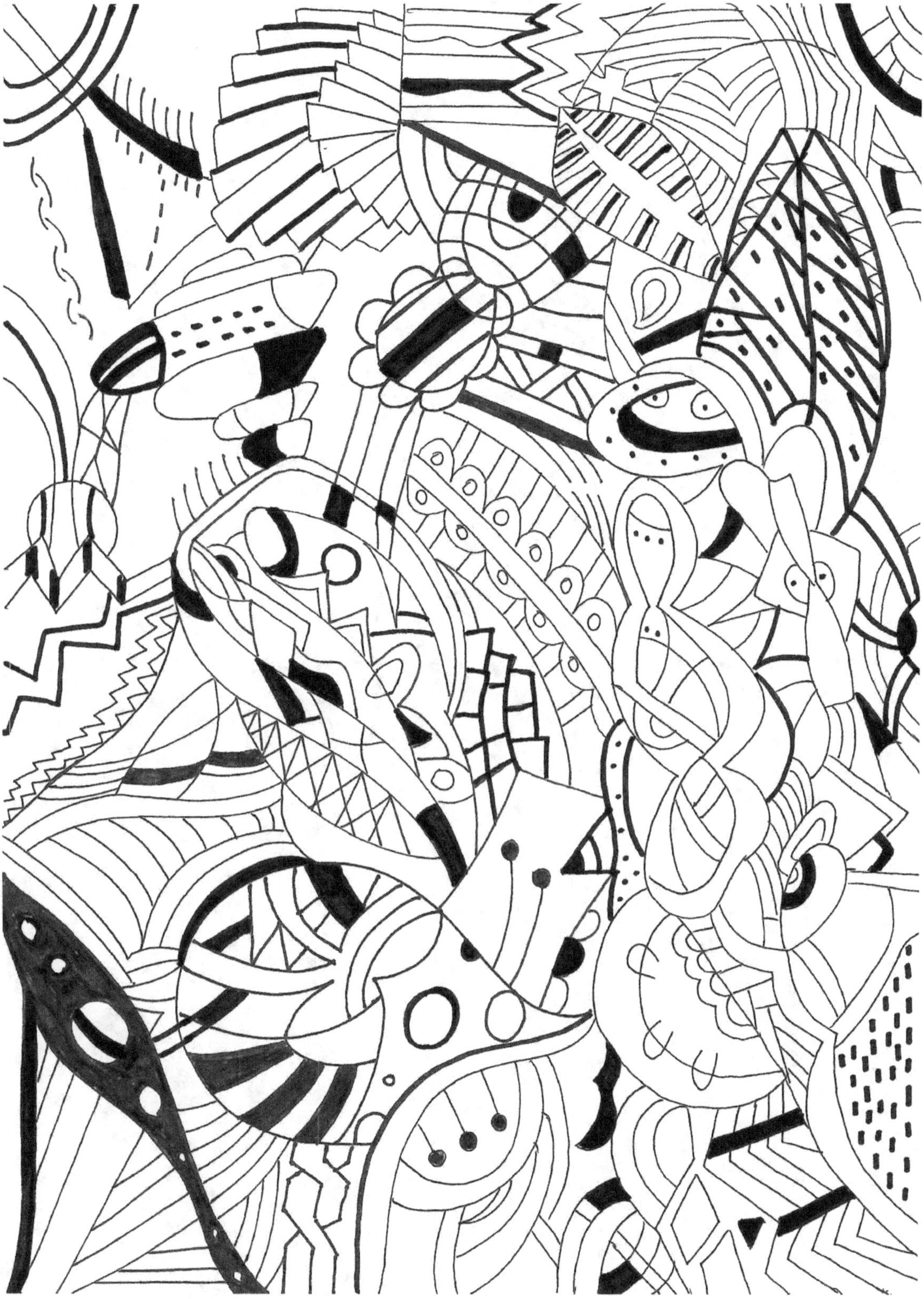

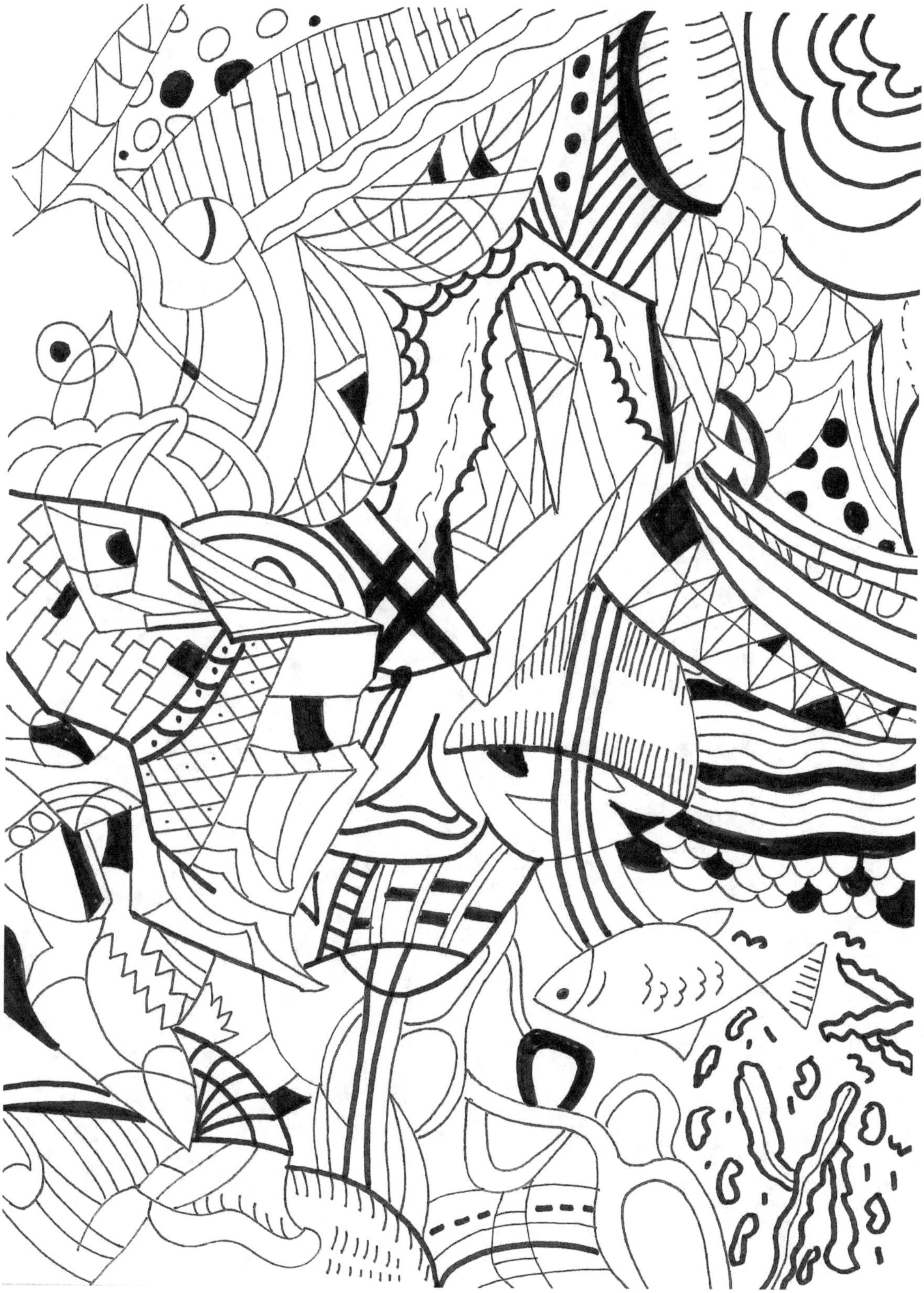

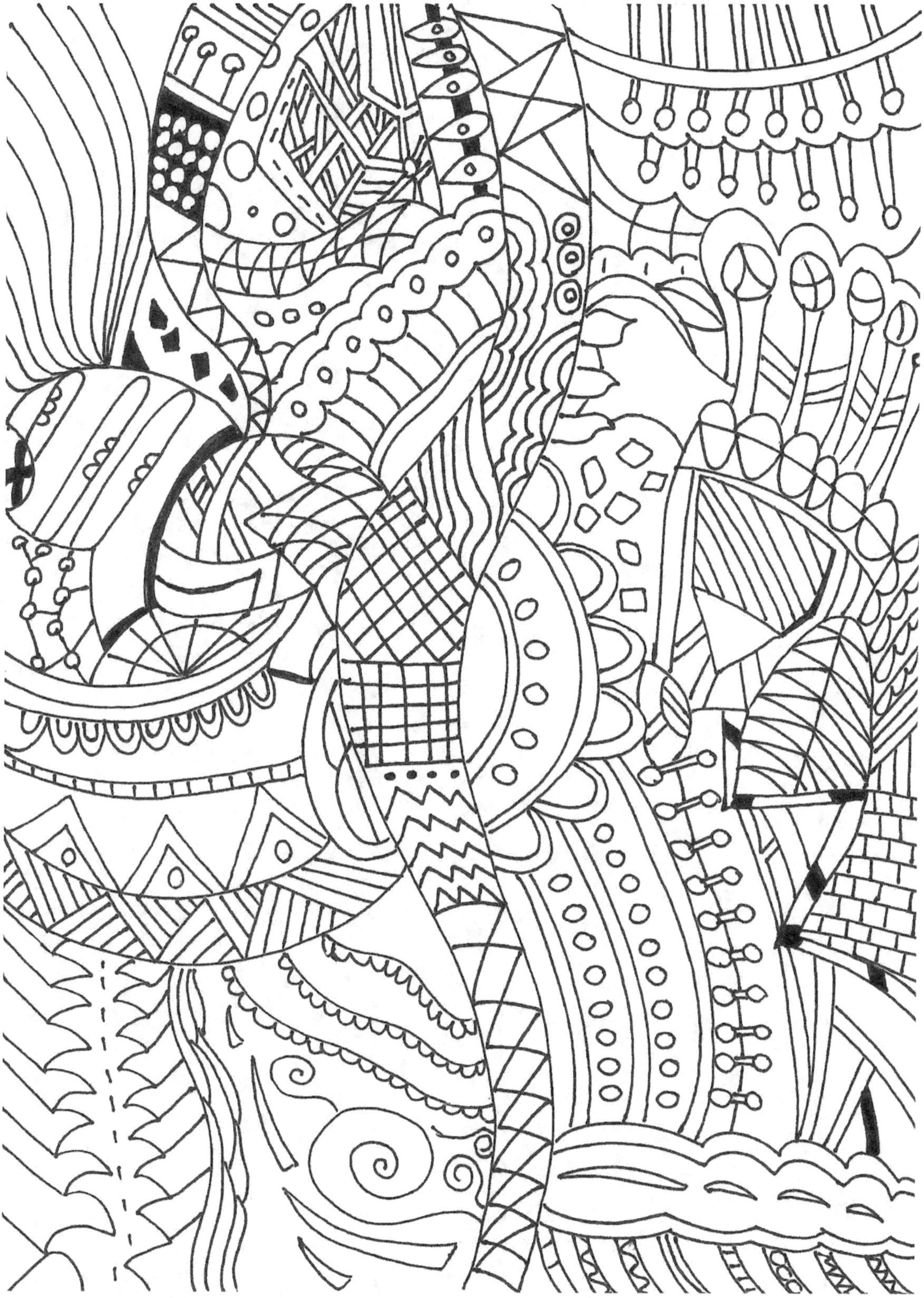

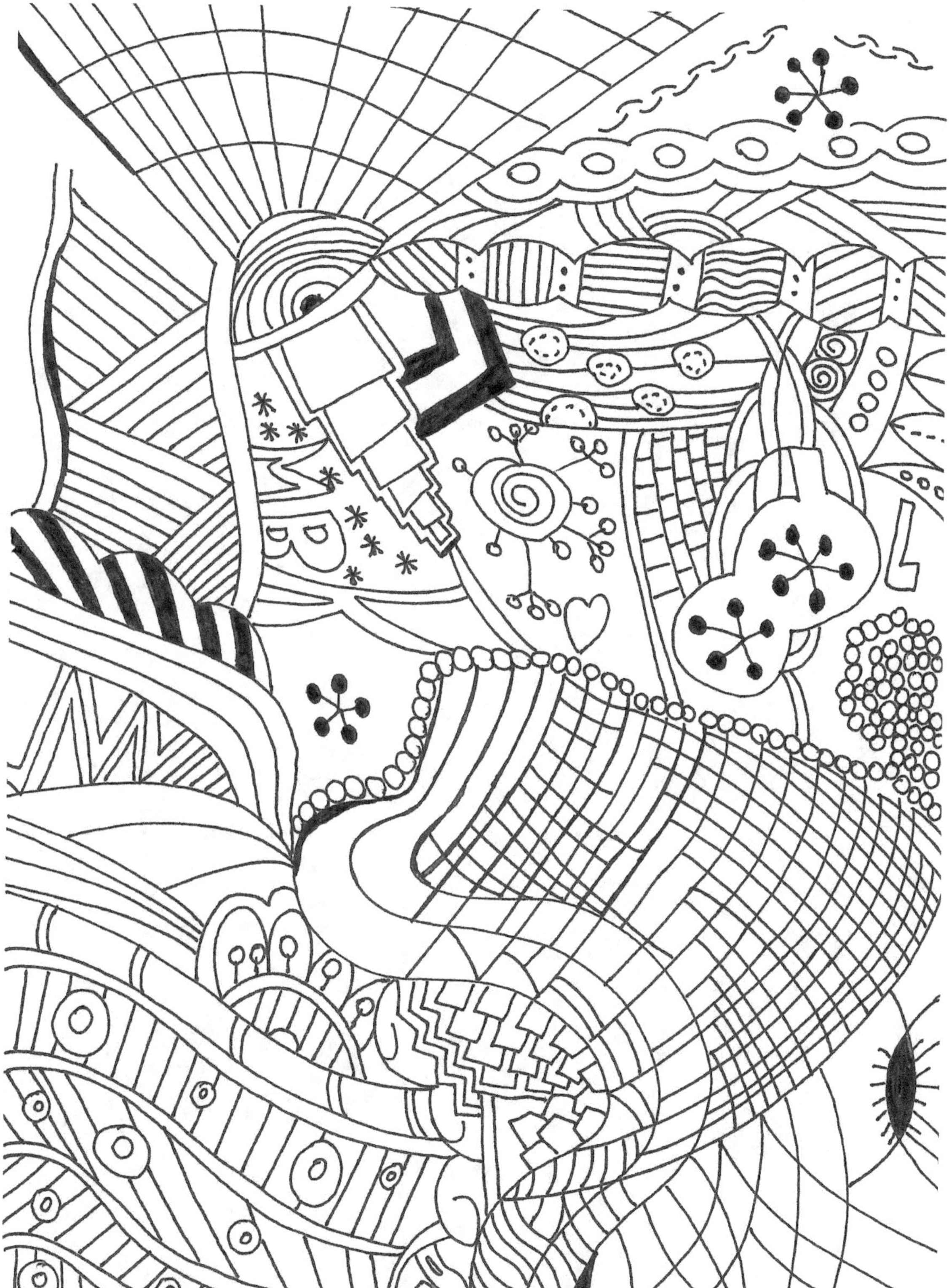

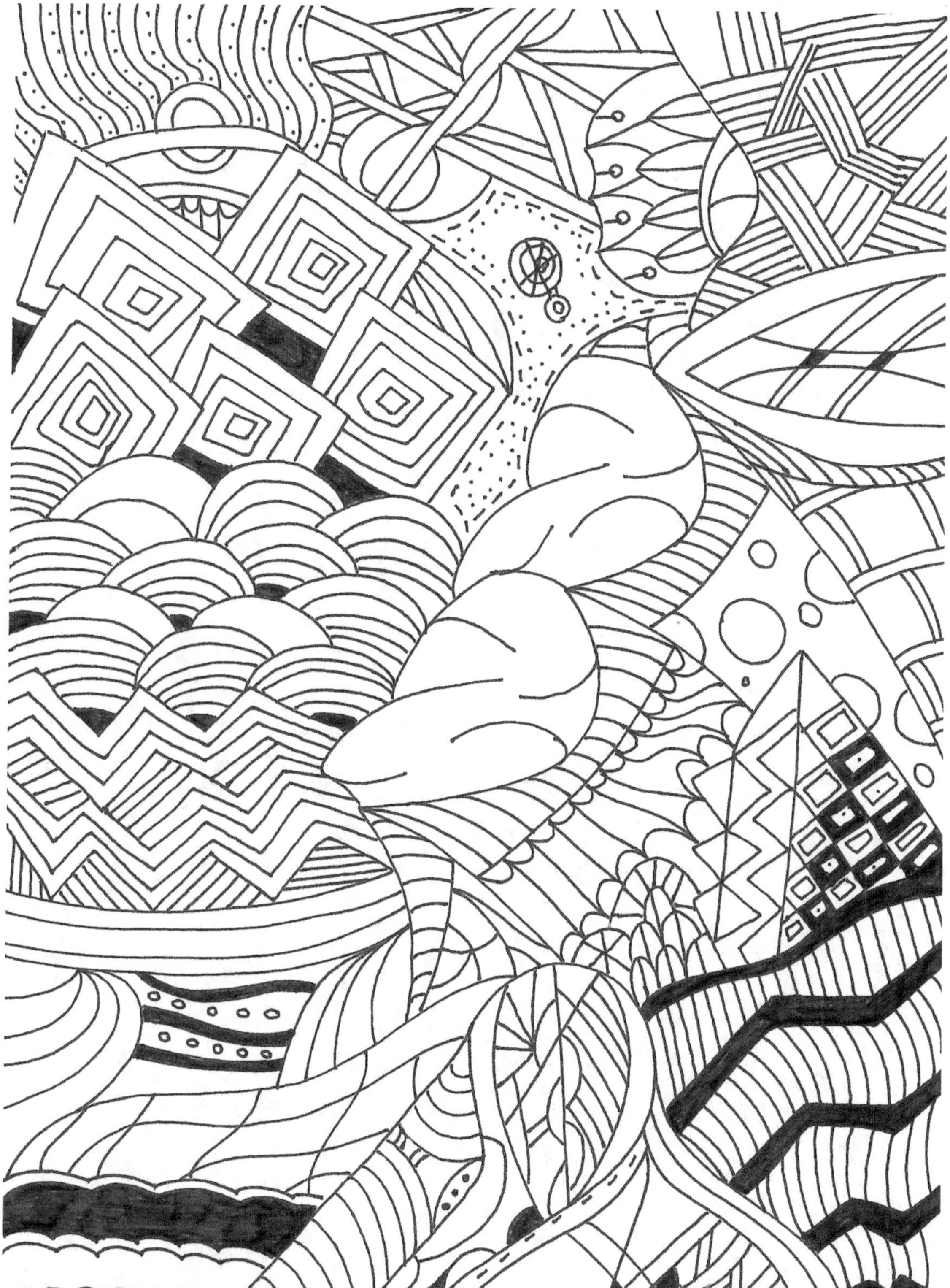

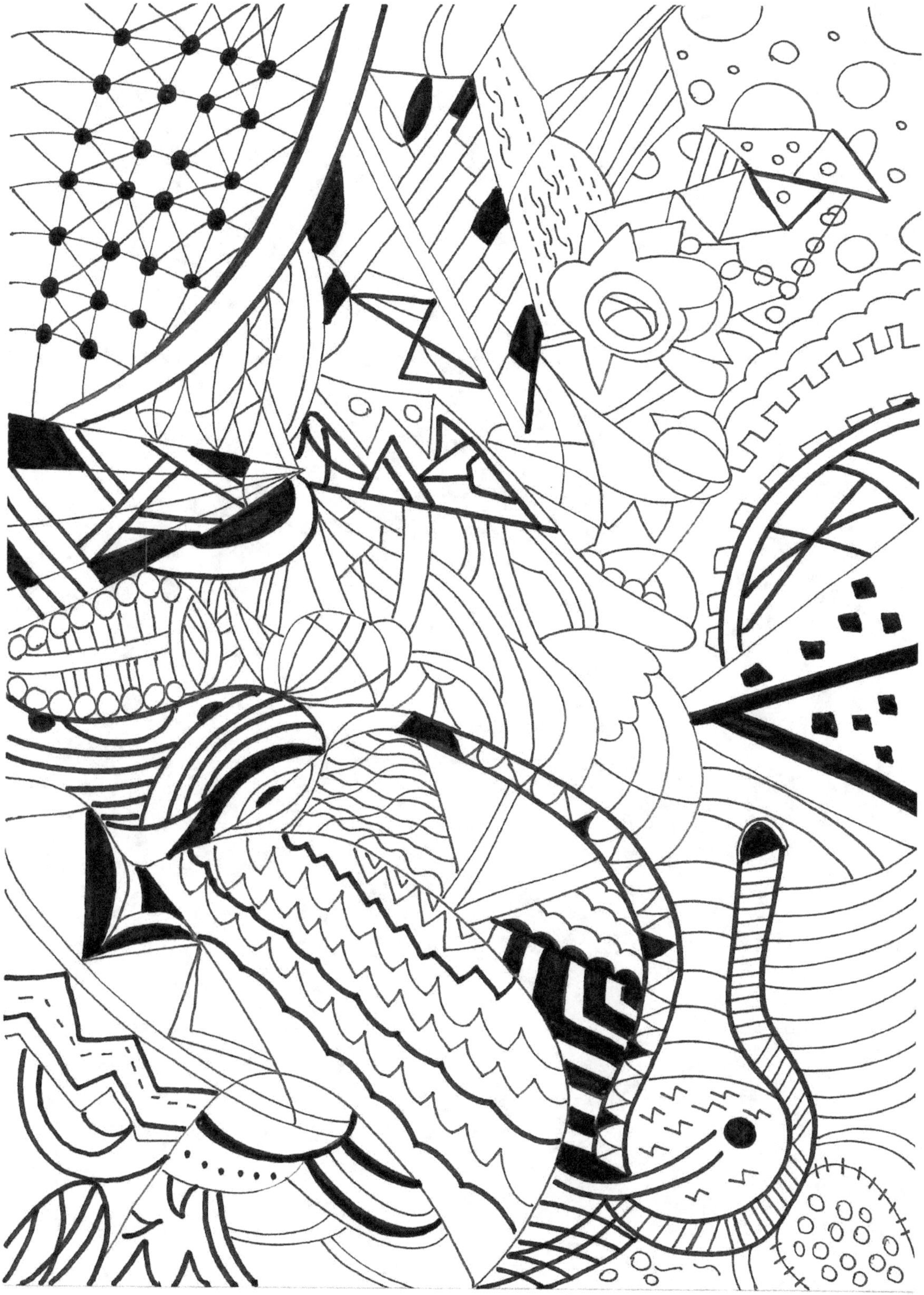

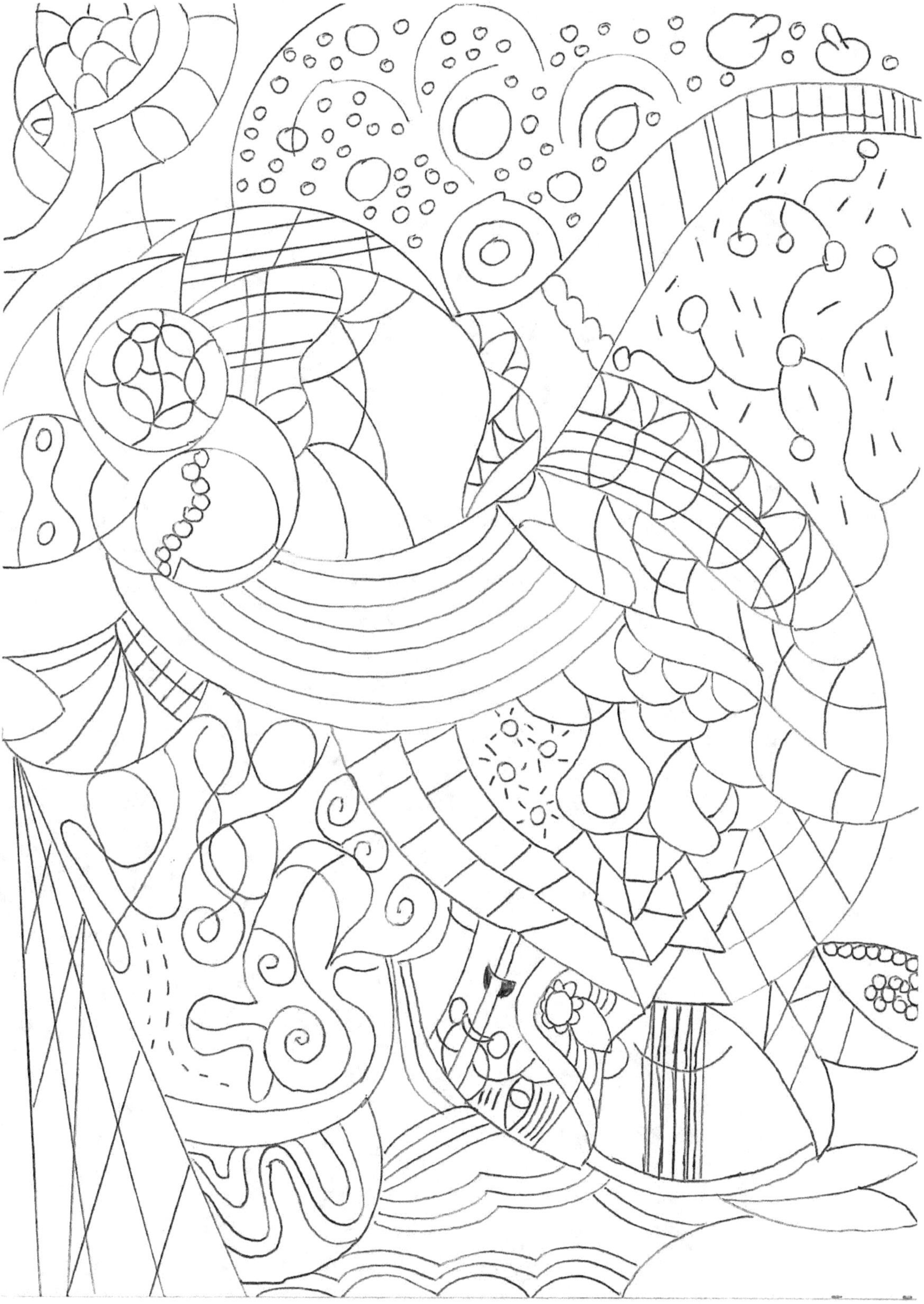

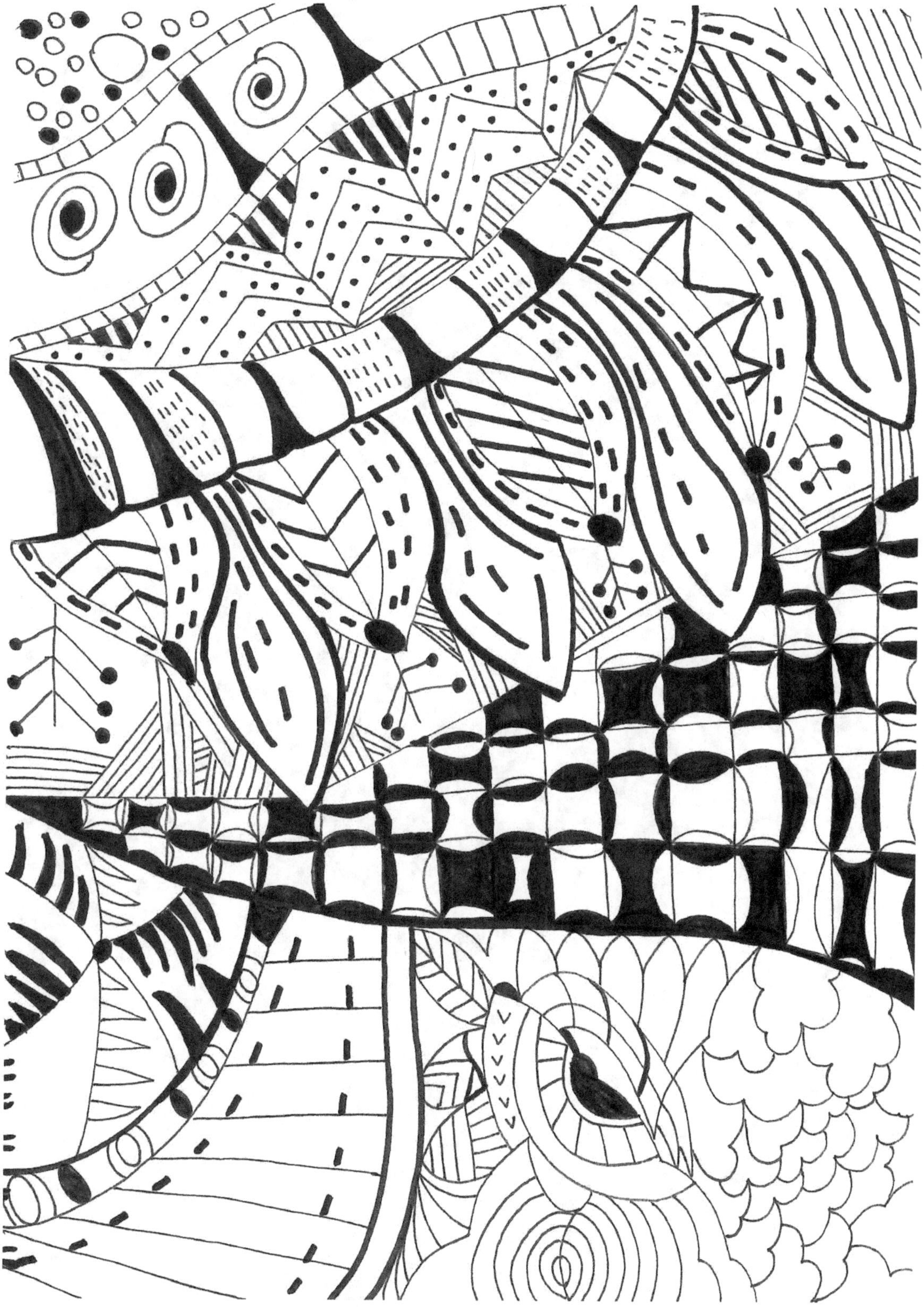

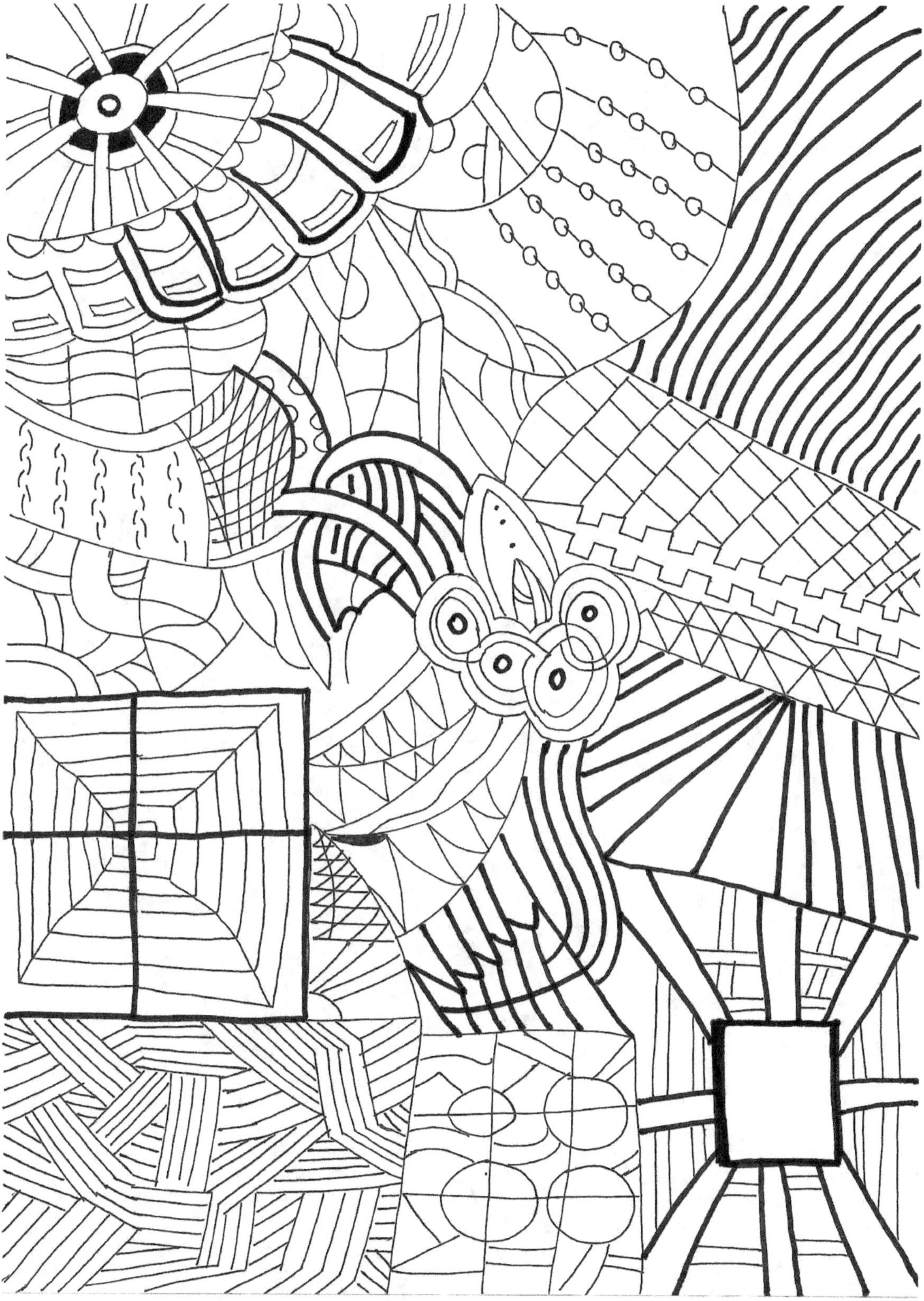

www.ingramcontent.com/pod-product-compliance
Lightning Source LLC
Chambersburg PA
CBHW081136180526
45170CB00008B/3121
* 9 7 8 1 5 4 0 3 7 0 3 2 7 *